Ritter Kunibert - Das Liederbuch

20 fröhliche Kinderlieder für's ganze Jahr

Das Liederbuch mit allen Texten, Noten und Gitarrengriffen zum Mitsingen und Mitspielen

Neue Kinderlieder mit Stephen Janetzko

... mehr Info, mehr CDs, mehr Lieder & Noten:
www.kinderliederhits.de

Stephen Janetzko
(Autor, Liedermacher und Verleger)

Mit einer 20-minütigen MC „Der Seebär" fing alles an, heute sind es weit über 600 Kinderlieder, die der gebürtige Hagener Liedermacher bereits auf über 50 CDs und in zahllosen Liedsammlungen veröffentlicht hat. Viele davon, wie „Hallo und guten Morgen", „Wir wollen uns begrüßen", „Augen Ohren Nase", „Das Lied von der Raupe Nimmersatt", „Hand in Hand" oder „In meiner Bi-Ba-Badewanne", werden heute gesungen in Kindergärten, Schulen und überall, wo Kinder sind.

Copyright © 2016 Verlag Stephen Janetzko, Erlangen
www.kinderliederhits.de
Alle Lieder verlegt bei Edition SEEBÄR- Musik Stephen Janetzko, Erlangen
Online-Shop im Internet unter ***www.kinderlieder-shop.de***
Covergrafik: Stephen Janetzko (CD-Cover: Frohmut Ritter)
Notensatz, grafische Vorbereitung und Idee: Stephen Janetzko
All rights reserved.

ISBN-10: 3957222435

ISBN-13: 978-3-95722-243-5

Alle Rechte vorbehalten.

Dieses Werk ist urheberrechtlich geschützt. Jegliche Vervielfältigung und Verwertung ist nur mit Zustimmung der Autoren bzw. des Verlags zulässig. Das gilt insbesondere für Übersetzungen, die Einspeicherung und Verarbeitung in elektronischen Systemen sowie für das öffentliche Zugänglichmachen wie zum Beispiel über das Internet.
Ein Nachdruck oder eine Weiterverwertung ist nur mit schriftlicher Genehmigung des Verlags möglich.

© Verlag Stephen Janetzko, **www.kinderliederhits.de**

Inhaltsverzeichnis

Lied:	Seitenzahl:
Ritter Kunibert	4
Guten Morgen, Leute	5
Alles Gute (ist doch klar!)	6
Der Findelkind-Song	7
Jeder ist heut' dran	8
Vier-Jahreszeiten-Lied	9
Lieber, bunter Luftballon	10
Geburtstag im Mai	11
Regentropfen	12
Sommerlied *(instr.)*	13
Meine Mi-, meine Ma	14
Bei uns zu Haus, da ist es schön	15
Kerstin, wir gratuliern (Das Geburtstagslied)	16
Ein bunter Regenbogen (Kanon)	17
Urlaub an der Nordsee (Nordsee-Lied)	18
Bratwurst auf'm Klo	19
Wenn wir mit den Laternen geh'n (Lied zum Laternenfest)	20
Liebe Sonne (Liebe Sonne, scheine wieder)	21
Kleine Kinder *(instr.)*	22
Tschüss, tschüss, auf Wiedersehn (Abschiedslied)	23

Die CD zum Buch:

CD Ritter Kunibert - 20 fröhliche Kinderlieder für's ganze Jahr

Best.-Nr. 91033-35, EAN 4032289003850
ISBN 978-3-932455-82-7

Der Ritter Kunibert

Text und Musik: Stephen Janetzko; CD "Bi-Ba-Badewannen-Hits - 20 Kinderlieder mit Gitarre"
© Edition SEEBÄR-Musik Stephen Janetzko, www.kinderliederhits.de

Refrain: Ich bin der Ritter Kunibert, ich reite schnell auf meinem Pferd. Mit Rüstung, Schild und Lanze mach ich Jagd auf meine Wanze.

1. Meine Festung, die hat viele Türme. Sie hält stand auch gegen Stürme. Ich hab Tiere, Garten, Frau - dabei ein Hund, der macht: Wau!

2. Manchmal kämpfe ich mit meinem Drachen, doch der fängt dann an zu lachen.
Weil er stärker ist als ich. Deshalb amüsiert er sich.

3. Und ich habe schrecklich schiefe Zähne, die ich fletsch wie `ne Hyäne.
Manchen hab ich schon verschreckt. Oder aus dem Schlaf erweckt.

4. Mein Pferd ist das hässlichste von allen, und das hat mir gleich gefallen.
Es schielt und ist gelbgefleckt, hat mich im Gesicht geleckt.

5. Meine Burgfrau, die heißt Kunigunde, ich beschütz sie jede Stunde.
Doch sie ist emanzipiert. Das hab ich sofort kapiert!

6. Kunigunde will für mich nicht kochen, sie hackt Holz ununterbrochen.
Dafür lieb ich sie noch mehr, mach den Haushalt - bitte sehr!

7. Mit meinem Schwert pflüge ich den Acker, während unsre Hühner gackern.
Und sie legen uns ein Ei. Und am Sonntag auch mal zwei!

8. Die Zugbrücke will ich offenlassen, um nicht Freunde zu verpassen.
Ich freu mich auf jeden Mann - oder Frau, das kommt drauf an!

9. Ihr könnt mich doch alle mal besuchen. Vielleicht mach ich Honigkuchen.
Oder einen Obstsalat. Das wird lustig und macht satt.

10. Und dann tanzen alle hier im Kreise zu der alten Ritterweise.
Was zu sagen ich vergaß: Ritter sein, das ist ein Spaß!

Spielanregung: Zum Refrain (den ich persönlich nur nach jeder 2. Strophe singe, damit es nicht zu lang geht) können alle reiten. Ansonsten spielen wir das Lied einfach mit: Bellen ganz laut "wau!", lachen wie der Drache, fletschen unsere Zähne, schlecken mit der Zunge, schauen fragend bei "emanzipiert" (wird ja in der folgenden Strophe aufgelöst), hacken Holz, pflügen mit dem Schwert, gackern wie die Hühner usw.
Zur 10. Strophe stehen alle auf und drehen sich klatschend im Kreise bis zum Ende des Lieds, das zum Schluss immer schneller werden darf, bis die Wanze endlich geschnappt ist.

Guten Morgen, Leute

Text und Musik: Stephen Janetzko; CD "Bi-Ba-Badewannen-Hits - 20 Kinderlieder mit Gitarre"
© Edition SEEBÄR-Musik Stephen Janetzko, www.kinderliederhits.de

Tempo: ca. 154

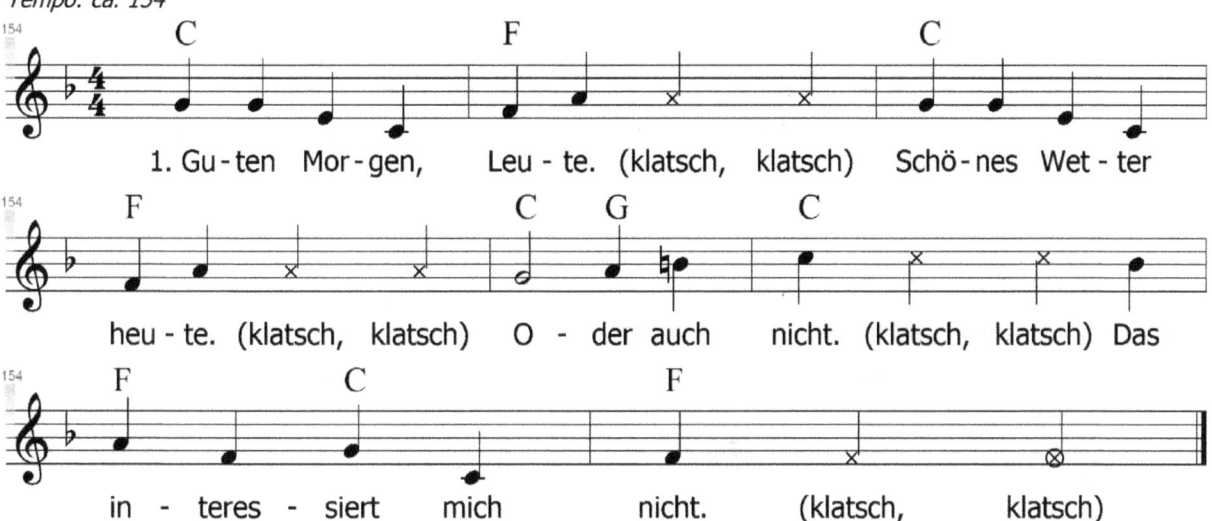

2. Regen oder Sonne. Sind mir eine Wonne. Beide sind schön. Das wirst du doch verstehn.
3. Morgen, nur nicht heute. Sagen faule Leute. Der Tag fängt an. Nun zeig ich, was ich kann.
4. Guten Morgen, Leute. Keine Sorgen heute. Ich habe Mut. Wie gut das alles tut.
5. Lala lala lala. Lala lala lala. Ich habe Mut. Mir geht es richtig gut.

Alles Gute (ist doch klar!)

Text und Musik: Stephen Janetzko; CD "Ritter Kunibert"
© Edition SEEBÄR-Musik Stephen Janetzko, www.kinderliederhits.de

Tempo: ca. 168

1. Was ist das heute für ein Tag? Ich glaub, dass ich den gerne mag!
Du strahlst ja wie der Sonnenschein, das kann nur dein Geburtstag sein!

Refrain: Alles Gute, ist doch klar, für dein neues Lebensjahr.
Tral-la, la, la, la, la, la — wir hoffen, es wird wunderbar!

2. Heut bist du das Geburtstagskind, wir wollen feiern jetzt geschwind.
Wer weiß, wann wir uns wiedersehn, und heute ist es doch so schön!

Refrain: Alles Gute, ist doch klar...

3. Ja, endlich ist es heut soweit, du hast dich so lang drauf gefreut!
Wir haben auch daran gedacht und dir was Schönes mitgebracht.

Refrain: Alles Gute, ist doch klar...

Der Findelkind-Song

Text: Thomas Pletzinger (11 Jahre); Musik: Stephen Janetzko; CD "Ritter Kunibert"
© Edition SEEBÄR-Musik Stephen Janetzko, www.kinderliederhits.de

Tempo: ca. 148

Refrain: Bäh, buh, ätsch, quätsch...

2. Den grünen Schnulli im Mund, dick, kuglig, rund - rund und gesund.
   Was für ein Fund, es öffnet den Schlund und brüllt:

Refrain: Bäh, buh, ätsch, quätsch...

3. Die Pämpers am Po, total cool, klein, aber oho.
   Die Flasche in der Hand, tolpatschig und elegant. Es weint:

Refrain: Bäh, buh, ätsch, quätsch...

4. Ich behalte nun das Findelkind, weil ich der Kinder-Finder bin.
   Oh ja, alles klar, dup dup dip dip kling klong - der Findelkind-Song.

Refrain: Bäh, buh, ätsch, quätsch...

Hinweis: Diesen Liedtext schrieb der damals 11-jährige Thomas.
Die Silbenzahlen der Verse sind von Strophe zu Strophe etwas
unterschiedlich, daher einfach frei singen oder an der Aufnahme
von der CD "Ritter Kunibert" orientieren.

Jeder ist heut' dran

Text und Musik: Stephen Janetzko; CD "Ritter Kunibert"
© Edition SEEBÄR-Musik Stephen Janetzko, www.kinderliederhits.de

Tempo: ca. 134

1. Jeder ist heut' dran,
jeder ist heut' dran,
jetzt zeigt uns die Eva,
wie toll sie singen kann.

2. Dieter/ schnarchen
3. Petra/ lachen
4. Hans/ schnipsen
5. Simone/ wiehern
6. Moritz/ pfeifen
7. Michaela/ bellen
8. Jochen/ klatschen
9. Martina/ brummen
10. Klaus-Jürgen/ zählen

Spielanregung:
Ein einfaches Spiellied z.B. zum Kennenlernen für Gruppen jeder Art, das viel Raum für eigene Ideen lässt und auch ohne Instrument einfach durch Mitklatschen begleitet werden kann. Durch das persönlich Aussuchen einer Aktion wird der Name gleich mit der Tätigkeit verknüpft, wodurch sich auch neue Namen besser einprägen lassen.
Ansonsten kann man es natürlich auch einfach als Spaß-Spiellied einsetzen.

Alle stehen oder sitzen im Kreis. Zu jeder Strophe stellt sich ein Kind (oder ein Erwachsener) mit seinem Namen und einer Bewegung, einem Geräusch o.ä. vor.
Die angegebenen Bewegungen etc. sind als Anregungen zu verstehen und können beliebig variiert und ergänzt werden.
Vor dem Singen verrät uns das Kind/der Erwachsene Namen und Aktion, dann singen wir quasi als Bestätigung die Strophe.
Nach der jeweiligen Strophe können wir einmal "Lala..." auf die Melodie singen, während das Kind/der Erwachsene die Bewegung, das Geräusch o.ä. dann vorführt.

Es wäre auch alternativ möglich, dass wir als Frage singen:
"Jeder ist heut' dran, jeder ist heut' dran, WER mag uns jetzt zeigen, wie toll er/sie ... kann?"
Dann kann sich eine Person melden und uns die Aktion vorführen, und danach geht es weiter.

Vier Jahreszeiten-Lied

Text und Musik: Stephen Janetzko; CD "Ritter Kunibert"
© Edition SEEBÄR-Musik Stephen Janetzko, www.kinderliederhits.de

1. Schau ich heute aus dem Fenster. Was denkst du, was ich da seh?
Frühlingszeit, Frühlingszeit - Morgentau und Klee.

2. Schau ich heute aus dem Fenster. Was denkst du, was ich da seh?
Sommerzeit, Sommerzeit - Sonne auf dem See.

3. Schau ich heute aus dem Fenster. Was denkst du, was ich da seh?
Herbsteszeit, Herbsteszeit - dort im Wald ein Reh.

4. Schau ich heute aus dem Fenster. Was denkst du, was ich da seh?
Winterzeit, Winterzeit - überall liegt Schnee.

Spielanregung:
Ein einfaches Mitmach-Lied zu den Jahreszeiten.
Eine Person singt jeweils vor, die anderen singen die Wiederholungen.
Oder wir singen die Zeilen gemeinsam doppelt.
Bei der 1. Zeile halten wir eine Hand flach waagerecht vor die Stirn,
als wenn wir Ausschau halten.
Zur 2. Zeile drehen wir uns einmal im Kreise und klatschen dazu
rhythmisch in die Hände.
Wir beginnen mit der jeweils aktuellen Jahreszeit, mit der wir auch,
quasi als 5. Strophe, wieder den Jahres-Kreis schliessen.
Gleichzeitig ist das Lied eine Tonleiter-Übung und kann mit der
Dur-Tonleiter gesungen werden (Xylophon!).

Lieber, bunter Luftballon

Text: Herta Dieckhoff; Musik: Stephen Janetzko; CD "Ritter Kunibert"
© Edition SEEBÄR-Musik Stephen Janetzko, www.kinderliederhits.de
Tempo: ca. 162

1. Lie-ber, bun-ter Luft-bal-lon, flieg mit mir ganz weit da-von
über Dächer, über Höh'n, alles mal von oben sehn.
Refrain: Hui - der Wind weht ganz schön toll. Ist das denn nicht wun-der-voll?
Hui - der Wind weht ganz schön toll. Ist das denn nicht wun-der-voll?

2. Dicke Wolken ziehn vorbei, Sturm bläst stark, die Sicht ist frei.
Himmel blau, so wie das Meer. Ich möcht fliegen immer mehr!

Refrain: Hui - der Wind weht...

3. Auch die Sonne schaut uns an, kommt ein bisschen näher ran.
Diese Wärme brauchen wir, Luftballon, flieg oft mit mir!

Refrain: Hui - der Wind weht...

4. Ein Erlebnis dieser Flug, Luftballon, du, fliegst so gut.
Einmal noch beim nächsten Mal weit hinauf zum Sonnenstrahl.

Refrain: Hui - der Wind weht...

Geburtstag im Mai

Text: Rolf Krenzer; Musik: Stephen Janetzko; CD "Ritter Kunibert"
© Edition SEEBÄR-Musik Stephen Janetzko, www.kinderliederhits.de

Tempo: ca. 180

1. Wer im Mai Geburtstag hat, kann den Himmel sehn, denn die Vögel singen doch nur im Mai so schön. Refrain: Blumen, Blüten überall, und der Bäume Grün ist so frisch wie niemals mehr. Schau nur zweimal hin!

2. Lichtdurchflutet ist der Raum. Fenster offen stehn.
Wer im Mai Geburtstag hat, kann den Himmel sehn.

Refrain:
Blumen, Blüten überall, und der Bäume Grün
ist so frisch wie niemals mehr. Schau nur zweimal hin!

Regentropfen

Text und Musik: Stephen Janetzko; CD "Herbst, Halloween & Laterne"
© Edition SEEBÄR-Musik Stephen Janetzko, www.kinderliederhits.de

Tempo: ca. 120

1. Re-gen-, Re-gen-, Re-gen-trop-fen hör ich an mein Fens-ter klop-fen.
   Re-gen-, Re-gen-, Re-gen-trop-fen ma-chen al-les nass (pam)!

2. Gum-mi-stie-fel, Re-gen-ja-cke. Zi-cke-Za-cke - Hüh-ner-ka-cke.
   Gum-mi-stie-fel, Re-gen-ja-cke. Noch ist nichts ver-lorn (pam).

Refrain: Kommst du mit nach drau-ßen, wir wolln spie-len, durch die Pfüt-zen lau-fen.
Kommst du mit nach drau-ßen, und wir sin-gen: tral-la-la (ja!) la.

3. Sieh die Menschen, wie sie flitzen.
Und die Tiere in den Ritzen.
Sieh die Menschen, wie sie flitzen.
Unterm Regenschirm. (pam)

4. Dunkle Wolken, die sich leeren.
Und die Fluß und Wiese nähren.
Dunkle Wolken, die sich leeren.
Über unserm Kopf. (pam)

Refrain: Kommst du mit nach draußen...

5. Barfuß auf der Wiese gehen.
Kribbelt unter meinen Zehen.
Barfuß auf der Wiese gehen.
Ist ein Höllenspaß. (pam)

6. Sonne, Sonne kommt gezogen.
Malt uns einen Regenbogen.
Sonne, Sonne kommt gezogen.
Kunterbunt und schön. (pam)

Refrain: Kommst du mit nach draußen...

Singanregung:
Zum Lernen oder für Konzerte singe ich in den Strophen immer 2 Takte als Vorsänger, die dann von allen wiederholt werden.
Das "pam" wird laut gerufen, dabei stampfen wir einmal feste mit dem Fuss. Den Refrain singen alle gemeinsam, etwas schneller als die Strophen, dazu laufen wir auf der Stelle und/oder klatschen mit.

Sommerlied (instr.)

Musik: Stephen Janetzko; CD "Ritter Kunibert"
© Edition SEEBÄR-Musik Stephen Janetzko, www.kinderliederhits.de

Tempo: ca. 180

Meine Mi-, meine Ma-

Text: volkstümlich; Musik: Stephen Janetzko; CD "Ritter Kunibert"
© Edition SEEBÄR-Musik Stephen Janetzko, www.kinderliederhits.de

Meine Mi-, meine Ma-, meine Mutter schickt mich her.
Ob der Ki-, ob der Ka-, ob der Kuchen fertig wär.
Wenn er ni-, wenn er na-, wenn er noch nicht fertig wär,
käm ich mi-, käm ich ma-, käm ich morgen noch mal her.

Bei uns zuhaus, da ist es schön

Text und Musik: Stephen Janetzko; CD "Ritter Kunibert"
© Edition SEEBÄR-Musik Stephen Janetzko, www.kinderliederhits.de

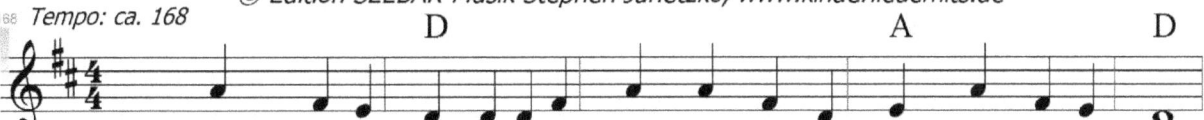
Refrain: Bei uns zu-haus, da ist es schön, und wenn du willst, kannst du das sehn.

Komm doch mal vor-bei, komm doch mal vor-bei, komm doch mal vor - bei.

1. Al-les liegt hier auf dem Bo-den, auf dem Bo-den, auf dem Bo-den,

al - les liegt hier auf dem Bo-den, auf dem Bo-den rum.

Refrain: Bei uns zuhaus...

2. An den Wänden hängen Bilder, hängen Bilder rum.
3. Durch die Wohnung laufen Tiere, laufen Tiere rum.
4. In der Küche wird gegessen, wird gegessen - schmatz.
5. Eine Holzlok kommt gefahren, kommt gefahren - tuuuht.
6. Meine Schwester spielt mit Puppen, spielt mit Puppen rum.
7. Und mein Bruder fährt mit Autos, fährt mit Autos - brumm.
8. Und da hängen Hampelmänner, Hampelmänner rum.
9. Und es klingelt an der Türe, an der Türe - ring.
10. Vater sitzt auf der Toilette, der Toilette rum.
11. Mutti saugt den Staub vom Boden, Staub vom Boden auf.
12. Du bist dran mit Wäsche waschen, Wäsche waschen - schrub.
13. Und ich muss noch Fenster putzen, Fenster putzen - putz.
14. Vati kann die Treppe wischen, Treppe wischen - jau.
15. Nicht vergessen: Teller spülen, Teller spülen - puh.
16. Jetzt ist aber Mittagsschläfchen, Mittagsschläfchen - schnarch.

Spielanregung:
Beim Refrain mitklatschen; bei den Strophen einfach alles mitmachen,
d.h. auf den Boden legen, sich an die Wand lehnen, pantomimisch essen,
staubsaugen usw.
Nach jeder neuen Strophe können die vorher gesungenen Strophen
auf Wunsch noch wiederholt werden!

Kerstin - wir gratuliern
(Das Geburtstagslied)

Text und Musik: Stephen Janetzko; CD "Ritter Kunibert"
© Edition SEEBÄR-Musik Stephen Janetzko, www.kinderliederhits.de

Tempo: ca. 180

Refrain: Kerstin - wir gratuliern! Kerstin - wir gratuliern!
Du hast Geburtstag. Kerstin - wir gratuliern!

1. Hier in dieser Welt, da wirst du immer älter. Wieder ist ein Jahr rum!

Refrain: Kerstin - wir gratuliern...

2. Du hast eingeladen,
Keks und Schokoladen
essen wir mit dir - jetzt!

Refrain: Kerstin - wir gratuliern...

3. Du bist (jetzt) ___ Jahre.
Viele graue Haare
sehen wir bei dir - nicht!

Refrain: Kerstin - wir gratuliern...

Singanregung:
Dieses Lied könnt Ihr auch zu allen möglichen anderen Anlässen singen.
Bei einer bestandenen Prüfung kann dann die dritte Zeile des Refrains z.B. in "Du hast bestanden", "Du bist jetzt Mama" oder "Du bist der Champion" abgewandelt werden usw.

Ein bunter Regenbogen (Kanon)

Text: Rolf Krenzer; Musik: Stephen Janetzko; CD "Danke Gott"
© Edition SEEBÄR-Musik Stephen Janetzko, www.kinderliederhits.de
Tempo: ca. 180

1. Ein bunter Regenbogen ist über`s Land gezogen. Die Sonne scheint auf`s Gras, das noch vom Regen nass.

2. Ein bunter Regenbogen ist über`s Land gezogen.
Und alle bleiben stehn, um ihn sich anzusehn.

3. Ein bunter Regenbogen ist über`s Land gezogen,
damit ihr`s alle wisst, daß Gott uns nicht vergisst.

Singanregung:
Das Lied kann als 2-stimmiger Kanon gesungen werden,
wobei in der Mitte geteilt wird.
Wenn ihr es nicht als Kanon singt, so könnt ihr auch
die zweite Zeile jeder Strophe doppelt singen.

Spielanregung:
Nicht nur in der christlichen Kultur, auch in vielen anderen
Kulturen auf der Welt ist der Regenbogen nicht nur ein
Wetterphänomen, sondern beinhaltet auch eine religiöse
Symbolik.
Möglichkeiten der Umsetzung beim Singen des Liedes
während eines Kindergottesdienstes oder einer
Kindergartenfeier:
- Viele kleine Tücher in den Regenbogenfarben werden
von den Kindern auf dem Boden zu einem Regenbogen
gelegt.
- Zur Vorbereitung malen die Kinder mit Fingerfarbe einen
riesigen Regenbogen auf eine Tapetenbahn. Dieser Bogen
wird zerschnitten und während der Feier wird der
Regenbogen wieder zusammengefügt.
- Jedes Kind erhält ein Tuch in einer Regenbogenfarbe.
Dieses Tuch wird als Halstuch, Kopfschmuck usw.
getragen. Während des Liedes bilden die Kinder dann
einen Kreis und bewegen sich als geschlossener
Regenbogenkreis zum Lied.

Urlaub an der Nordsee

Text und Musik: Stephen Janetzko; CD "Bi-Ba-Badewannen-Hits - 20 Kinderlieder mit Gitarre"
© Edition SEEBÄR-Musik Stephen Janetzko, www.kinderliederhits.de

2. Wir wolln raus, zu den Wellen, das ist klar.
Wenn sie schwappen, ist das wunderbar
Wir wollen spielen, lachen, singen.
Ha, ha, ha - das wird es bringen

3. Wo wir sind, ist die Sonne immer da.
Gute Laune haben wir, na klar
Und wenn wir fest zusammenhalten
Kriegen wir auch keine Falten

Bratwurst auf'm Klo

Text und Musik: Stephen Janetzko; CD "Ritter Kunibert"
© Edition SEEBÄR-Musik Stephen Janetzko, www.kinderliederhits.de

Refrain: Hallo, hallo, ich glaub', ich sitz' auf 'm Klo!

1. Mama, Papa ham gesagt, ich soll mal wieder gehn:
   "Setz dich auf das Deckelchen, sei brav, es wird schon gehn!"
Refrain: Hallo, hallo...

2. Ich bin da, wo selbst der Kaiser noch zu Fuß hingeht.
   Vielleicht treffen wir uns, bis ich fertig bin, wird's spät.
Refrain: Hallo, hallo...

3. Pipi hab ich schon gemacht, ein ganz schön dicker Strahl.
   Mama, Papa, reicht das nicht, ich find, das ist 'ne Qual!
Refrain: Hallo, hallo...

4. Und ich quetsche und ich drücke und es kommt nix raus.
   Plötzlich ist 'ne Bratwurst da, ich denke: Ei der Daus!
Refrain: Hallo, hallo...

5. Und die Bratwurst, die riecht lecker, Mensch, wie die wohl schmeckt?
   Schnell hab ich sie eingepackt, in meinem Schrank versteckt.
Refrain: Hallo, hallo...

6. Doch der Papa hat gesagt: "Mir stinkt, was du da tust!"
   Hat sie einfach weggespült, sagt, ist der denn bei Trost??!
Refrain: Hallo, hallo...

7. Ein paar Tage später bin ich, na, ihr wisst schon, wo!
   Vielleicht klappt's ja diesmal mit der Bratwurst auf dem Klo...
Refrain: Hallo, hallo...

Spielhinweis:
Stephen Janetzko wagt "auch mal ein keckes Klo-Lied", schrieb
"Töne für Kinder" einst zu diesem Lied, zu dem es einige Kontroversen
gab und gibt: Die einen lieben es, die anderen können es gar nicht leiden
- meist sind "die einen" Kinder und "die anderen" die Erwachsenen.
Mir ging es darum, ein witziges und befreiendes Lied über ein ganz
natürliches Thema zu machen, das aber gesellschaftlich immer mit
Scham behaftet ist - sowohl von Seiten der Eltern wie auch der
Kinder, wenn sie dafür gescholten werden, wenn sie ihre "großen
Geschäfte" kennenlernen wollen, mit ihnen spielen und manchmal
eben auch mehr....

Wenn wir mit den Laternen gehn
(Lied zum Laternenfest)

Text: Rolf Krenzer; Musik: Stephen Janetzko; CD "Ein bisschen so wie Martin",
ISBN 978-3-941923-92-8; © Edition SEEBÄR-Musik Stephen Janetzko, www.kinderliederhits.de

Refrain: Wenn wir mit den Laternen gehn, dann habt ihr so viel Lichter, so viele bunte Lichter, bestimmt noch nicht gesehn, bestimmt noch nicht gesehn.

1. Wir singen das Laternenlied, und alle Leute singen mit,
damit sich jeder dann von Herzen freuen kann,
damit sich jeder dann von Herzen freuen kann.

Refrain: Wenn wir mit den Laternen gehn...

2. Wir ziehn in einer langen Reih´, und viele Kinder sind dabei,
damit sich jeder dann von Herzen freuen kann,
damit sich jeder dann von Herzen freuen kann.

Refrain: Wenn wir mit den Laternen gehn...

3. Es leuchtet der Laternenschein durchs Fenster in das Haus hinein,
damit sich jeder dann von Herzen freuen kann,
damit sich jeder dann von Herzen freuen kann.

Refrain: Wenn wir mit den Laternen gehn...

Liebe Sonne, scheine wieder

Text: Hoffmann v. Fallersleben; Musik: Stephen Janetzko; CD "Sommer"
© Edition SEEBÄR-Musik Stephen Janetzko, www.kinderliederhits.de

Liebe Sonne, scheine wieder,
schein die düstren Wolken nieder!
Komm mit deinem goldnen Strahl
wieder über Berg und Tal!
Trockne ab auf allen Wegen
überall den alten Regen!
Liebe Sonne, lass dich sehn,
dass wir können spielen gehn!

Kleine Kinder (instr.)

Musik: Stephen Janetzko; CD "Ritter Kunibert"
© Edition SEEBÄR-Musik Stephen Janetzko, www.kinderliederhits.de

Tempo: ca. 162

Tschüs, tschüs, auf Wiedersehn

Text: Heidemarie Brosche; Musik: Stephen Janetzko; CD "Früchte Früchte Früchte"
© Edition SEEBÄR-Musik Stephen Janetzko, www.kinderliederhits.de

Refrain: Tschüs, tschüs, auf Wiedersehn, bitte komm bald wieder!
Ja, ich weiß, du musst jetzt gehn. Tut mir ja so leid.

1. Die ganze schöne Zeit, da hatten wir 'nen Riesenspaß.
Gelacht haben wir heut'. Wir machten fast die Hosen nass!

Refrain: Tschüs, tschüs, auf Wiedersehn, bitte ...

2. Wir haben laut gebrüllt und lustige Musik gemacht,
doch auch mal leis gespielt, geflüstert und was ausgedacht.

Refrain: Tschüs, tschüs, auf Wiedersehn, bitte ...

3. Zuhause warten sie auf dich, ja, das verstehe ich.
Doch sag mir nur mal, wie soll ich jetzt spielen ohne dich?

Refrain: Tschüs, tschüs, auf Wiedersehn, bitte ...

4. Es war so schön mit dir, dass ich dich nicht gern gehen lass,
und eines sag ich dir: Du bist für mich ein echtes As!

Refrain: Tschüs, tschüs, auf Wiedersehn, bitte ...

5. Vielleicht würd´ es dich freun, wenn ich dich mal besuchen komm?
Na klar, das wär echt fein, am besten mach ich`s morgen schon!

Schluss-Refrain: Tschüs, tschüs, auf Wiedersehn, also dann bis morgen.
Ach, das wird bestimmt sehr schön. Wie ich mich drauf freu!
Tschüs, tschüs, auf Wiedersehn, also dann bis morgen.
Ach, das wird bestimmt sehr schön. Wie ich mich drauf freu!

www.ingramcontent.com/pod-product-compliance
Lightning Source LLC
Chambersburg PA
CBHW081505040426
42446CB00016B/3406